AF497318

LES EAUX DE PARIS

———

PROJET DU LAC D'ISSARLÈS

LES EAUX DE PARIS

PROJET

DU

LAC D'ISSARLÈS

PAR

Le Docteur PROMPT

EX-INTERNE LAURÉAT DES HÔPITAUX DE PARIS
ANCIEN ÉLÉVE DE L'ÉCOLE POLYTECHNIQUE

GRENOBLE
IMPRIMERIE ALLIER FRÈRES
26, Cours Saint-André, 26
—
1900

LES EAUX DE PARIS

PAR

LE DOCTEUR PROMPT

La ville de Paris manque d'eaux potables. Nous croyons qu'il est possible de lui en donner une quantité suffisante, en reprenant le projet du lac d'Issarlès. Ce projet a été conçu il y a environ douze ans par un ingénieur expérimenté, à qui l'on doit, en France et dans divers pays étrangers, des travaux considérables. Mais, à cette époque, il n'était pas possible de l'adopter.

Les idées qui ont prévalu jusqu'ici dans la détermination des travaux de Paris ont toujours été réglées par ce sentiment de timidité qui régnait sous le second Empire. On a redouté en France les grandes conceptions et les entreprises importantes. On s'est préoccupé de ne pas dépasser les limites où il aurait fallu se renfermer en effet, si Paris avait continué à être une ville de huit cent à douze cent mille âmes seulement. Cette intention, qui est le motif de l'insuffisance des eaux, se retrouve dans la plupart des organismes qui servent à l'existence parisienne d'aujourd'hui.

Les Halles centrales, par exemple, ont été construites pour abriter une petite fraction des personnes qui viennent acheter et vendre ; il en résulte que chaque matin le stationnement des vendeurs occasionne sur les trottoirs des rues voisines un désordre et un encombrement prodigieux. Dans certaines directions, cet encombrement va jusqu'à deux kilomètres, et même plus loin.

Les boulevards de la Bastille à la Madeleine étaient une artère principale, très belle autrefois, mais dont les proportions étroites et resserrées prennent aujourd'hui le caractère d'un fléau. Loin de chercher à les agrandir, on n'a même pas voulu leur faire des dégagements ; aucune artère parallèle n'a été créée pour recevoir le trop plein de la circulation, et presque toutes les voies perpendiculaires sont demeurées à l'état de ruelles du moyen âge; quand on y réfléchit, on se demande comment il est possible que le mouvement d'une population de plus de deux millions d'individus se développe à travers des rues comme la rue de Richelieu, la rue Montmartre, la rue Saint-Denis, la rue Saint-Martin, la rue du Temple. Nous en sommes réduits à imiter les mœurs anglaises, et à soumettre les voitures au commandement des agents de police qui les arrêtent dans leur marche à l'aide d'un bâton blanc. Paris recule ainsi dans la voie du progrès et se met au niveau de Londres, qui possède la même Cité, les mêmes ruelles, les mêmes grèves sur la Tamise, et les mêmes Cours des Miracles que dans le siècle de Richard Cœur-de-Lion.

Ce désir de faire les choses en petit s'observe jusque dans les travaux purement artistiques, où la dépense nécessaire pour avoir des proportions exactes était peu de chose et pouvait donner lieu à un excédent de revenus qui l'auraient équilibrée. C'est ainsi qu'on a voulu faire dans la rue de Rivoli quelque chose d'analogue aux arcades des villes italiennes. Mais d'abord on a divisé la rue en deux sections, l'une populaire et inférieure, qui va du Louvre au faubourg Saint-Antoine, l'autre aristocratique, qui va du Louvre à la place de la Concorde, et qui, seule, a été jugée digne d'avoir des portiques. En Italie, ces portiques sont toujours continus ; on les prolonge au-dessus des rues transversales à l'aide d'un arceau qui permet aux promeneurs de circuler indéfiniment à l'abri de la pluie, et qui supporte un vaste balcon, livré aux locataires du premier étage des maisons qui forment l'angle. L'édilité parisienne a jugé que ce sybaritisme ne convient pas à une population française, et que les habitants de la rue de Rivoli peuvent bien se passer de terrasses. Quant aux piétons du portique, l'obligation de se mouiller, en cheminant sous la pluie d'une arcade à l'autre, fait partie du régime austère auquel on doit soumettre cette classe d'individus ; on a eu soin, d'ailleurs, de les gêner autant que possible, en rétrécissant le passage couvert et en réduisant le portique à des dimensions inconnues jusque-là en architecture.

En résumé, tout est petit dans le Paris moderne, créé par Haussmann et par ceux qui lui ont succédé. Il y a des petites Halles, des petits boulevards, des petits portiques, des petites rues. Il n'est donc pas étonnant que jusqu'ici on se soit préoccupé de donner de l'eau potable en prenant pour cet objet des petites rivières et des sources plus petites encore, dont les apports sont emmagasinés à Montsouris et ailleurs, dans des réservoirs minuscules.

Le dernier travail qui ait été effectué consiste à conduire à Paris les eaux de diverses sources choisies dans les vallées du Loing et du Lunain. L'une de ces sources, celle de Bignons de Bourron, donne, d'après les jaugeages officiels, 25 litres par seconde. Une autre, la source du Sel, dans la vallée du Loing, donne 10 litres. Cela fait 864.000 litres par jour. En chiffres ronds, et en admettant qu'il y ait 800.000 litres au lieu de 864.000, et que le nombre des habitants de Paris soit de 2.400.000 (il est bien plus élevé), cela fait le tiers d'un litre par tête. Mais ces chiffres se rapportent à une détermination faite au mois de décembre 1895 ; et, à l'étiage, le tiers de litre peut fort bien se réduire à une cuillerée à soupe, ou même à une cuillerée à café.

En admettant les évaluations officielles, la quantité d'eau apportée par les conduites actuelles se décomposerait ainsi :

Loing et Lunain...	50.000	mètres cubes par jour	
Dhuys	45.000	—	—
Avre	40.000	—	—
Vanne	115.000	—	—
Total...	250.000	—	—

La population de Paris est à peu près de deux millions et demi d'individus. Chacun d'eux pourrait donc disposer en moyenne de 100 litres par jour. Mais la considération des moyennes donne lieu à des inconvénients qui se font sentir dans cette affaire de la manière la plus grave. Ce qu'il faut étudier, ce n'est pas la quantité d'eau qui arrive dans l'année, et la moyenne qui en résulte pour chaque jour, c'est la quantité qui arrive réellement pendant chaque jour déterminé. C'est seulement ainsi, et en tenant compte des besoins particuliers de chaque jour qu'on peut savoir s'il y a un apport d'eau potable qui soit suffisant.

Je suppose qu'on cherche à évaluer l'état de santé d'un homme de quarante ans, en prenant le nombre *moyen* de battements du pouls qu'on observe chez lui en une minute ; si ce nombre est égal à 70, il n'y a pas de doute qu'il représente l'état de santé. Voilà donc cet homme qui, pendant le temps écoulé de huit heures à minuit, en un certain jour, a eu 16.800 pulsations, ce qui en fait exactement 70 par minute. Est-il bien portant ?

En examinant ce qui lui est arrivé, on voit qu'il rentrait chez lui après avoir passé la soirée à se divertir, et que, deux minutes avant minuit il a été assailli par un malfaiteur qui l'a tué d'un coup de couteau. Étant mort, il ne saurait être bien portant. Cependant les pulsations ont manqué pendant deux minutes seulement ; les 140 battements qui ont fait défaut sont compensés par de très faibles accélérations qui se sont reportées sur l'ensemble du temps considéré. La moyenne est demeurée excellente ; mais il en est tout autrement du résultat.

Ce résultat est celui qui se produit pour les eaux de Paris. A l'époque des grandes chaleurs de l'été, les sources sont en défaut, elles donnent de l'eau en quantité moindre que d'habitude. En même temps la population éprouve le besoin absolu d'en dépenser beaucoup plus que pendant l'hiver ou pendant l'automne. L'administration crie au gaspillage et supprime en tout ou en partie le liquide indispensable, qui devrait couler à profusion, et qui est devenu un objet précieux et rare, un objet sur lequel on ne saurait faire trop d'économies. Les plaintes du public deviennent de plus en plus vives ; les lettres de réclamations affluent et s'accumulent dans les bureaux. Là, on les range les unes sur les autres ; on en fait des châteaux qui ont plusieurs mètres d'élévation. On a même affirmé que M. Bechmann, consulté sur l'opportunité de construire des réservoirs pour augmenter la quantité d'eau disponible, a répondu, qu'en effet il y avait urgence d'en édifier au moins un, non pas pour y mettre de l'eau, mais pour y enfermer la correspondance que le public ne cesse d'envoyer à l'administration.

Ce propos n'a jamais été tenu. M. Bechmann est un ingénieur très estimable, qui fait marcher le service suivant les règles, et qui se trouve en désaccord avec le public, parce que le public lui demande de l'eau et qu'il n'en a pas pour en fournir. Dans ce débat, c'est le public qui a raison. Le contribuable parisien donne beaucoup d'argent à la Ville ; il peut en donner davantage, et il est dans le vrai quand il se montre exigeant à l'égard de son édilité. La ville de Paris emprunte à $3^{o}/_{o}$, il en résulte qu'une dette de 100 millions ne coûte pas plus de trois millions par an, amortissement compris. Cela fait un peu plus de un franc par tête ; personne, à Paris, ne refusera jamais un surcroît de charges aussi faible, qui, d'ailleurs, peut se traduire par une économie réelle si l'on tient compte de l'importance de l'eau, au double point de vue de l'agrément et de l'hygiène. En été les gens aisés et riches prennent la fuite et abandonnent Paris ; ils vont dépenser leur argent ailleurs. Le manque d'eau est certainement pour beaucoup dans la liste des privations qu'ils ont à subir s'ils restent chez eux. Quant aux maladies, elles dépendent à la fois de l'hygiène déplorable qui résulte de l'insuffisance des eaux et de l'influence des germes infectieux, qui sont absorbés avec les eaux, par suite de la mauvaise qualité de ces liquides. La fièvre typhoïde, qui reconnaît surtout cette cause, fait périr en moyenne 500 personnes au moins chaque année. Nous disons au moins parce que beaucoup de personnes meurent chez elles, sans que les causes de leur décès soient connues de l'administration. On sait que l'administration parisienne a l'étrange habitude de demander le nom des maladies qui occasionnent la mort, non pas au médecin qui a soigné le malade, et qui seul pourrait donner le renseignement, mais à un médecin officiel, qui ne peut qu'enregistrer les dires, souvent inexacts, de la première personne venue.

La mauvaise qualité des eaux se lie forcément à l'insuffisance de la quantité. En dehors de toute fraude, la seule agitation qui se produit dans les réservoirs par l'effet des variations brusques de pression, peut amener dans les conduites des matières infectieuses déposées au fond des masses liquides. Les variations de pression sont inévitables si l'on suspend la distribution de l'eau pendant la nuit, comme cela a été fait à Paris pendant l'été de 1900. Quant au dépôt de limon, il a été reconnu que dans le seul réservoir de Montsouris, il atteint, au bout d'un an, une épaisseur de huit centimètres.

Mais, à chaque fois que l'eau devient rare, le public accuse l'administration de mélanger, frauduleusement, l'eau de Seine avec les eaux de sources. Nous n'acceptons pas, comme preuves de cette fraude, les goujons que beaucoup de contribuables affirment avoir pêchés dans l'évier de leur cuisine, et que d'ailleurs nous n'avons pas vus. Cependant, il faut reconnaître que l'administration se défend très mollement de ce reproche, et que ses défenses mêmes sont de nature à donner des soupçons.

Le 22 juillet 1900, un ingénieur, interrogé à cet égard par un journaliste, s'exprimait ainsi :

« Des gens éclairés, des savants, ont osé émettre la même opinion devant M. Bechmann ; ils ont été vite détrompés quand l'ingénieur en chef leur eut déclaré qu'il fallait au moins quatre hommes pour tourner le robinet d'eau de Seine, et que les employés ne se risqueraient jamais à commettre un tel acte. »

Il est bien évident que les employés subalternes ne s'aviseraient pas de mélanger, de leur autorité privée, l'eau de Seine à l'eau de source, et de s'exposer ainsi, sans aucun motif raisonnable, à être révoqués de leurs fonctions. Mais ce qui inquiète le public, c'est justement la supposition contraire. On suppose que l'administration pourrait donner aux employés l'ordre de commettre l'acte dont il s'agit, et alors ils le commettraient sans aucun risque, et il n'y a pas de doute que M. Bechmann réussirait ainsi à tourner le robinet de l'eau de Seine, alors même qu'il faudrait pour cette manœuvre quatre hommes, ou cinq, ou quinze ou un nombre plus grand encore.

Ce qui augmente la bizarrerie de ces explications, c'est l'observation ajoutée aussitôt par le même ingénieur.

« On n'arrose presque plus les rues pour faire des économies, et comme mesure radicale. »

Si les rues sont arrosées, il faut bien que ce soit avec de l'eau de Seine. Et si l'on croit devoir faire des économies sur l'eau de Seine, il faut bien que ce soit pour l'employer à autre chose, c'est-à-dire à suppléer le manque d'eau potable dans les réservoirs.

Étrange service, d'ailleurs, que celui qui supprime l'arrosement dans les époques de chaleur et de sécheresse ! Quand veut-on arroser ? Serait-ce, par hasard, au moment des grandes pluies de l'automne ?

Enfin, si nous en croyons les nombreux bactériologistes qui, à l'heure où nous écrivons, c'est-à-dire au mois de novembre 1900, déclarent ne pas connaître de bouillon de culture plus riche que l'eau potable de Paris pour le bacille de la fièvre typhoïde, si nous en croyons surtout M. Girard, directeur du laboratoire municipal, qui attribue ces résultats intéressants, mais fâcheux, au mélange des eaux de source avec l'eau de Seine, il faudra admettre que ce mélange a eu lieu et qu'il a été motivé par les impossibilités qui se sont présentées aux ingénieurs, quand ils ont voulu obéir aux importunes réclamations du public et donner aux Parisiens, pendant l'été de 1900, plus d'eau potable qu'il y en avait en effet.

Ces impossibilités tiennent à la première conception de l'organisation du service, qui a été beaucoup trop timide. On n'a voulu prendre que des filets d'eau, et on a voulu les prendre dans le bassin de la Seine, qui offre l'inconvénient très grave de ne pas posséder de réservoirs naturels, sans compter que dans toute son étendue il ne présente aucune source considérable.

En admettant même qu'il y eût de grandes sources à peu de distance de Paris, cela ne préserverait pas la ville des fâcheux effets de la sécheresse. Quand il n'y a pas de pluie, les rivières et les sources ne donnent pas grand'-chose ; il n'y a que les réservoirs naturels, tels que les lacs et les étangs, qui puissent suppléer au défaut des gouttes d'eau qui tombent du ciel. Dans le bassin de la Seine, ces réservoirs n'existent pas et ne peuvent pas exister. Les terrains sont d'une perméabilité excessive, et ils ne gardent rien de ce qui pourrait séjourner dans les parties basses.

Il n'y a personne à Paris qui n'ait pu, au bout d'un

séjour de quelques années, observer les effets de cette propriété du sol. Les crues de la Seine sont assez fréquentes ; nous avons vu plus d'une fois les eaux arriver au niveau des Champs-Elysées. Quand il en est ainsi, on peut se divertir à examiner un spectacle des plus instructifs. Les Champs-Elysées sont aménagés en divers points pour figurer un jardin anglais sur une petite échelle ; il s'y trouve des éminences et des dépressions artificielles ; on voit alors l'eau de la Seine former des sources qui jaillissent dans les points déprimés, et qui parviennent à créer ainsi des étangs en miniature. Cette filtration se continue fort loin, et à un kilomètre du quai, dans la rue d'Anjou-Saint-Honoré, les caves sont inondées, au grand désespoir des habitants. Du reste, l'inondation des caves est générale, et il n'est pas possible de ne pas en être victime, si l'on demeure pendant quelques années dans une maison qui ne soit pas située à un niveau élevé. C'est une des petites misères de la vie parisienne.

Aux environs, à Asnières, par exemple, on voit des phénomènes analogues. Des digues fort bien établies se transforment rapidement en îles et en presqu'îles ; l'eau passe au travers ; les terrains qui les constituent s'imbibent comme des éponges.

Il y a des fleuves qui dominent les plaines environnantes. Le Pô est dans ce cas. Si les digues du Pô étaient construites avec les mêmes matériaux que celles de la Seine, la Lombardie deviendrait un immense marais qui s'étendrait depuis Milan jusqu'à Venise.

Cette perméabilité du sol explique les résultats déplorables que le tout à l'égout a donnés dans les environs de Paris. Au lieu de demeurer enfermées dans des champs d'épandage, les eaux infectées viennent créer fort loin,

autour des espaces qu'on leur avait assignés, des lagunes
hideuses. Des puits qui donnaient une eau pure et excellente à boire, se transforment en cloaques. Des jardins
d'agrément deviennent des dépotoirs.

Pendant l'Exposition de 1900, un Congrès d'agriculture
avait réuni à Paris un grand nombre d'étrangers, qui,
après avoir entendu les élégantes explications données
par les ingénieurs, allèrent sur les lieux se rendre
compte du fonctionnement de l'épandage. Je laisse parler
M. Félix Launay, ingénieur en chef de l'assainissement
de Paris, et admirateur enthousiaste du système.

« Le Congrès d'agriculture de 1900 avait mis en tête
du programme de ses excursions, une visite au parc
agricole d'Achères.

« Le mardi 3 juillet, les congressistes, au nombre de
250, ont parcouru les 1,000 hectares du parc d'Achères où
ils ont été reçus par M. Escudier, vice-président du Conseil
municipal. Parmi eux, plusieurs membres de la Société
des agriculteurs, M. de Vogüé son président, et les délé-
gués de la Russie, de l'Allemagne, de la Belgique, de
la Suisse, de la Hollande, des Etats-Unis, de l'Angle-
terre, etc.

« Tous ont admiré la belle tenue du parc et les cultures
variées du fermier concessionnaire de la Ville, M. Bonnat :
céréales, pommes de terre, betteraves, pépinières, prairies
et prairies-verger, jardins, cultures maraîchères, choux,
poireaux, artichauts, etc. ; les drainages à ciel ouvert
aménagés en rivières anglaises, avec leur eau épurée, fraî-
che, limpide, cristalline et savoureuse, ont retrouvé leur
succès habituel.

« Rien ne vaut l'éloquence des faits, et de semblables
visites font plus pour le succès d'une cause que les meil-
leurs discours. »

On a eu soin de ne pas inviter les congressistes à un banquet dans lequel ils auraient dégusté les artichauts délicieux de M. Bonnat, et dans lequel on aurait présenté des carafes d'eau remplies dans les puits voisins, si tristement infectés par les liquides de l'épandage. On leur a fait faire la route en évitant soigneusement les bords de la Seine, où le spectacle horrible de l'infection des eaux du fleuve aurait contrasté d'une manière fort triste avec les *rivières anglaises* si *cristallines* et si *savoureuses* du fermier concessionnaire.

Cette infection de la Seine est attribuée par les riverains au déversement direct des eaux d'égout dans le fleuve, par les soins de l'administration. Ç'est sans doute une des causes du mal ; mais la perméabilité des terrains en est une autre plus grave encore, parce qu'on n'y remédiera pas en livrant la totalité des eaux d'égout à l'épandage, comme le veut la loi de 1894.

Bien au contraire, en exécutant cette loi, on augmentera le mal dans des proportions considérables.

A la date du 21 juillet 1900, un témoin oculaire décrivait ainsi l'aspect du fleuve :

« Sans avoir la cruauté de souhaiter qu'on oblige les triomphants ingénieurs d'il y a un an à boire de l'eau prétendue assainie de la Seine, il serait à souhaiter qu'ils viennent faire une visite au bord de l'eau, à Clichy.

« Ils reverraient là ces lugubres spectacles qu'on a tant de fois décrits ici et qu'ils avaient juré de faire disparaître : des eaux bourbeuses et noirâtres, des berges couvertes d'une boue visqueuse dégageant une odeur nauséabonde insoutenable, et à la surface du fleuve les gaz empoisonnés décrivant d'immenses cercles formés de globules blancs qui détonent.

« Ils trouveraient le long des berges des milliers et des milliers de poissons, morts empoisonnés par l'eau.

« Ces malheureuses bêtes ont l'agonie lente. On les voit remonter le long des berges, faire des bonds hors de l'eau comme pour s'échapper du fleuve où elles respirent le poison, puis s'en aller mortes au fil du courant. »

A la même époque, un syndicat a été organisé par les maires de 200 communes des bords de la Seine pour obtenir des pouvoirs publics une défense pratique contre le fléau du tout à l'égout.

Dans sa session ordinaire du mois d'août 1900, le Conseil général de Seine-et-Oise a voté une subvention de 2,000 francs pour venir en aide aux particuliers syndiqués, dont l'intention serait de demander des dommages-intérêts à l'Etat ou à la ville de Paris, en raison du préjudice causé par l'infection de la Seine. Mais on doit bien se pénétrer des véritables motifs de cette infection, et comprendre qu'elle aura lieu par le fait même de l'épandage, en raison de la perméabilité des terrains. Voilà pourquoi le tout à l'égout a pu donner des résultats avantageux dans certaines localités, au lieu qu'à Paris c'est un système impossible.

Il en est autrement dans le bassin de la Loire. Là les roches imperméables forment les 48 centièmes de la surface totale. Aussi certaines régions, telles que le Berry et la Sologne, étaient autrefois remplies d'étangs, qui, pour la plupart, ont été desséchés. Il en résulte que les eaux ne s'accumulent plus dans ces réservoirs naturels, et que la Loire passe par des alternatives de diminution considérable, par suite de la sécheresse, ou d'augmentations non moins exagérées, lorsqu'il y a de grandes pluies. A Orléans, son étiage baisse jusqu'à 10 mètres par seconde, et ses crues peuvent atteindre 10,000 mètres. Aussi est-ce un fleuve qui a cessé d'être navigable. Au dix-huitième siècle, quand les étangs existaient encore, la Loire était la route habituelle des voyageurs et des marchandises, et sa batellerie pouvait suffire à tous les besoins de cette époque.

Il n'y a personne qui n'ait lu le poème de Ver-Vert, et on sait que le célèbre perroquet alla de Nevers à Nantes sur une barque, où il y avait neuf personnes, dont la conversation eut pour effet de corrompre entièrement ses mœurs et son langage.

C'est surtout dans le bassin inférieur de la Loire que le vandalisme des agriculteurs s'est exercé sur les lacs et sur les petits réservoirs. Dans les montagnes, ces réservoirs ont des profondeurs considérables ; le fond des vallées submergées est en pente raide, et on ne peut pas songer à le découvrir pour y faire des plantations. Aussi les lacs supérieurs existent encore. Ils sont pour la plupart de petites dimensions. C'est un de ces lacs que nous proposons d'utiliser pour donner des eaux potables à la ville de Paris. Il est situé dans le département de l'Ardèche, à quelques kilomètres des sources de la Loire. Il forme le plus bel ornement d'une région alpine que les touristes ont peu fréquentée jusqu'ici, en raison de la difficulté des communications. Aujourd'hui, l'on peut y aller en voiture si l'on veut ; il y a une route carrossable qui part du Puy, et qui est à peu près terminée ; elle s'arrête à un kilomètre du bord de l'eau, et la partie qui manque est en voie de construction.

On lit dans la plupart des descriptions que le fond du lac d'Issarlès est un cône volcanique. Ce n'est pas tout à fait exact. Le lit du lac n'est pas conique : c'est une vallée submergée, analogue à celles qui forment le lac de Come ou le lac Majeur, mais beaucoup plus petite et beaucoup moins allongée. Il y a, dans le voisinage, des coulées de basalte qui proviennent des volcans préhistoriques de cette région.

Si l'on veut avoir un aspect général du lac et de ses environs, il faut gagner un point culminant qui est marqué à la cote 1042 sur la carte du ministère de l'Intérieur au cent millième, et qu'on voit aussitôt sur le terrain. De là on domine la nappe d'eau qui a une forme ovalaire, et qui est elle-même à la cote 997. Elle est entourée de montagnes qui s'élèvent plus ou moins, sauf en un point qui se trouve à la droite de l'observateur, et qui servirait de déversoir, si le niveau du lac était un peu plus élevé. Le cirque qui embrasse cette petite vallée aboutit à un point culminant qu'on a devant soi ; c'est le pic du Mézenc, dont l'altitude est de 1754 mètres.

En examinant le terrain qu'on a à sa droite, on reconnaît qu'à partir du déversoir, il descend en pente douce et régulière. Cette pente est à peu près du quinzième. A un kilomètre et demi du déversoir, on aperçoit le confluent de la Loire et de la Veyradère. Autour de cette pente, les montagnes se relèvent beaucoup ; on conçoit qu'il a pu y avoir là, au fond du ravin, un cours d'eau qui servait de déversoir à notre lac. Mais aujourd'hui cet émissaire n'existe plus. Si l'on jugeait à propos de le reformer, il faudrait relever de huit à dix mètres le niveau actuel de la surface des eaux.

L'étendue de la nappe d'eau est de 90 hectares et 90 ares. Sa profondeur la plus grande est de 108 mètres ; elle n'a pas d'affluents visibles. Il y a lieu de croire qu'elle reçoit, sous la forme de sources souterraines, les eaux du cirque qui l'enveloppe, et qu'elle possède un déversoir également souterrain, dont la formation a rendu inutile le déversoir à ciel ouvert dirigé vers la Loire. Nous ne possédons pas la cote du confluent de la Loire et de la Veyrardère ; mais, en suivant la vallée de la Loire, nous voyons que la carte du ministère de l'Intérieur lui donne la cote 903 à un kilomètre en amont de ce point. La pente de la vallée est très forte ; elle est certainement bien supérieure à 1/50 ; ainsi le confluent est au-dessous de 883, c'est-à-dire plus bas que le fond du lac, qui est à 889. Par conséquent, un canal souterrain qui n'aurait pas plus d'un kilomètre et demi pourrait évacuer dans la Loire la totalité des eaux du lac.

Ces eaux sont très limpides. Du reste, on sait aujourd'hui que les eaux lacustres sont les plus pures qui existent, pourvu qu'elles aient une profondeur suffisante. Au point de vue de l'hygiène, elles sont beaucoup plus sûres que les eaux de sources, dont la pureté peut être gravement altérée dans les saisons pluvieuses par les infiltrations qui viennent de la surface, ainsi que cela est démontré par des travaux récents. L'origine des eaux lacustres est indifférente. Le lac de Genève, qui a été étudié très soigneusement à ce point de vue, reçoit quarante rivières, dont les eaux sont plus ou moins contaminées ; mais tout cela s'épure avec une perfection absolue par le mécanisme de la décantation. On peut donc introduire dans le lac d'Issarlès telles eaux qu'on voudra, par exemple celles de la Loire et de ses affluents ; la purification se fera d'elle-même, et on obtiendra des eaux potables de qualité excellente, qui pourront, en toute sécurité, être livrées à la consommation.

Si l'on considère le cirque de montagnes et de collines

qui entoure le lac, on voit qu'il n'y a aucun point où il s'abaisse à moins de 30 mètres au-dessus du niveau des eaux, sauf, bien entendu, celui qui a déjà été indiqué, comme ayant servi autrefois à l'écoulement vers la Loire. Or, des deux côtés de ce point, le terrain va en montant : il y a là une petite échancrure, et si l'on mesure sa longueur entre les points où le cirque d'enceinte se relève à 30 mètres au-dessus du lac, on voit qu'elle est de 200 mètres, et que le point le plus bas est à 10 mètres plus haut que le niveau actuel des eaux. Il en résulte qu'il suffirait de construire une digue de 200 mètres de longueur, et dont la hauteur moyenne serait de 10 mètres, pour donner 30 mètres de hauteur en plus à la cuvette qui peut renfermer les eaux d'amenée provenant de dérivations artificielles.

Si les parois de ce supplément de réservoir étaient verticales, on voit que la capacité du lac serait augmentée d'un cube égal à 30 mètres multipliés par 90 hectares et 90 ares, c'est-à-dire, à 27,270,000 mètres. Mais les parois sont formées par des collines qui, sur la plus grande partie du pourtour, s'élèvent en pente douce ; de plus, il est visible que si l'on veut, au lieu d'un exhaussement de 30 mètres, en faire un de 31 mètres, ou plus, la dépense qui doit en résulter sera fort peu de chose, et qu'il suffit d'un mètre pour avoir une augmentation de capacité de plus de 909,000 mètres cubes. On voit donc que par ce procédé la capacité de la cuvette du lac, qui est de 60,000,000 de mètres cubes, sera augmentée facilement de 30,000,000 de mètres, et que le nouveau réservoir, s'il est rempli d'eau, aura sa surface à la cote 1027.

Cela posé, on sait que la Loire, au point où elle sort du département de l'Ardèche pour pénétrer dans celui de la

Haute-Loire, donne 1800 litres par seconde à l'étiage, c'est-à-dire, habituellement, du 15 mai au 15 septembre, et pendant les huit mois de grandes eaux, 4,500 litres.

La limite des deux départements est formée par le ruisseau d'Orcheval, affluent de droite de la Loire, qui deviendrait la principale source du fleuve, si toutes les eaux supérieures étaient supprimées. Au-dessous de ce point, il y a sur les deux rives un grand nombre d'affluents, et si l'on se borne à considérer la vallée de la Loire jusqu'à Brives, qui est une petite ville située à 5 kilomètres du Puy, l'on voit que le plus important de ces affluents est la Gagne, qui sort du lac de Saint Front, dont l'altitude est de 1,223 mètres.

Si l'on remonte le cours de la Loire à partir de la limite du département de l'Ardèche, on voit que sur une longueur de 4 kilomètres et demi elle est encaissée dans une vallée étroite et profonde, où le volume de ses eaux ne peut pas augmenter sensiblement. On arrive ainsi au confluent de la Veyrardère. Plus haut, on trouve un affluent de droite, la Gage, et un affluent de gauche, le Clut. En suivant la vallée jusqu'à la cote 1050, on ne trouve pas d'affluent. On voit donc que si l'on veut jeter dans le lac d'Issarlès la totalité des eaux que le fleuve emmène dans le département la Haute-Loire, il suffira de capter, pour cet objet, la Veyrardère, le Clut, la Gage et enfin la Loire elle-même, prise à la cote 1050.

La vallée de la Veyrardère s'éléve en faisant le tour du lac, dont elle est séparée par des montagnes de peu de hauteur. Une rigole de 500 mètres de longueur suffira pour amener ses eaux dans le lac. Cette rigole ne devra pas être amorcée sur la rivière, comme celles qu'on établit souvent dans les pays de montagne pour servir aux irrigations. Dans les irrigations, l'apport des limons n'est pas un inconvénient ; ici il en serait autrement ; on se trouve en présence de torrents qui charrient des quantités considérables de matières solides, et qui, à la longue, finiraient par obstruer le fond du lac. Les matières solides doivent être éliminées. Pour y parvenir, le ravin sera barré au moyen d'une digue de 15 mètres de hauteur, munie d'une vanne à sa partie inférieure. On formera ainsi un puits de décantation, et la rigole ne recevra que les eaux claires déversées à la surface. Le puits devra être curé fréquemment ; pour y parvenir, on relèvera la vanne au moment des crues, et on fera ainsi une chasse qui précipitera au dehors les matières accumulées dans le fond.

Le ruisseau du Clut sera capté par le même procédé ; la rigole contournera l'éperon qui sépare la vallée du Clut de la vallée de la Loire ; elle recevra la Loire et elle se dirigera vers le lac, en prenant sur son parcours les eaux de la Gage et celles d'un affluent de gauche de cette rivière ; toute la vallée de cet affluent est située entre celle de la Gage et celle de la Loire.

On a dit plus haut qu'un aqueduc souterrain serait construit pour évacuer les eaux du lac dans la vallée de la Loire. Arrivées là, il est facile de concevoir qu'elles iront aussi loin qu'on voudra dans les tuyaux de conduite qui seront établis le long de cette vallée. Elles devront la quitter à la Charité, qui est à la cote 161, pour aller aboutir, par exemple, dans la vallée de l'Yonne, à Clamecy, à la cote 140. Il y a 48 kilomètres de la Charité à Clamecy ; de Clamecy à Paris, les conduites se logeront dans la vallée de l'Yonne et dans celle de la Seine. A Paris, une usine pourra être installée pour les relever au-dessus des quartiers les plus hauts de la ville et pour les faire aboutir à un château d'eau dont l'emplacement sera fixé ultérieurement, c'est-à-dire après que les études de détail du projet seront terminées. Elles pourront alors être distribuées si on le désire, au moyen d'une canalisation spéciale, dans les maisons et dans les appartements.

L'aqueduc d'amenée conduira les eaux à Paris avec un débit d'un mètre cube et demi par seconde.

Enfin il y aura à Paris un réservoir d'une contenance de 5 millions de mètres cubes.

Ces dispositions étant bien comprises, admettons, pour fixer les idées, que le début de l'exploitation ait lieu quatre mois avant l'étiage.

Pour calculer vite et facilement ce qu'il y aura à faire, nous observons qu'un mètre cube par seconde représente par an un volume égal à 31,536,000 mètres cubes. Nous prendrons le chiffre rond de 30 millions ; c'est comme on le voit une limite inférieure ; il n'y aura donc pas de mécomptes si l'on se base là-dessus.

On laissera d'abord les rivières de la haute vallée de la Loire couler dans leur lit comme d'habitude.

On versera l'eau du lac dans l'aqueduc dirigé vers Paris. Si cet aqueduc marchait toute l'année, il débiterait 45 millions de mètres cubes. Il lui faudra donc, pour remplir le réservoir de Paris, le neuvième d'une année, c'est-à-dire, un peu moins de deux mois.

Ce réservoir sera donc rempli deux mois avant l'étiage.

A ce moment on commencera la distribution de l'eau, et on la continuera pendant six mois.

Pendant ce temps, Paris recevra ainsi un mètre cube d'eau et demi par seconde, soit, par tête d'habitant et par jour, 50 litres de plus que ce qui existe déja. En outre il y aura une réserve de 5 millions de mètres cubes, ce qui suffit pour fournir pendant deux mois si l'on veut, un mètre cube par seconde ou pendant un mois seulement, deux mètres cubes. Ainsi, les 50 litres pourront être portés à 83 pendant deux mois, ou à 106 pendant un mois. C'est plus qu'il n'en faut pour parer à toutes les éventualités.

Le lac perdra ainsi, pendant la première année, 27 millions de mètres cubes.

On recommencera de même pendant la seconde année, et le lac, qui a 60 millions de mètres cubes, en perdra encore 27 ; il ne lui en restera plus que 6 millions, auxquels on ne touchera pas pour ne pas prendre les eaux impures qui sont au fond.

Aussitôt l'étiage fini, on versera les rivières des hautes vallées dans les rigoles d'adduction : elles amèneront, pendant les huit mois de grandes eaux, 90 millions de mètres cubes. On en prendra, l'année suivante, 27 millions pour Paris, comme précédemment, et on continuera de même tous les ans. En admettant qu'on laisse toujours 10 millions de mètres cubes d'eau au fond du lac, on voit qu'on disposera, chaque année, pendant l'étiage, après le prélèvement effectué au bénéfice de Paris, d'une quantité d'eau égale à 53 millions de mètres cubes, soit en chiffres ronds, 50 millions.

Il en résultera que, si l'on fait tomber dans la Loire pendant les quatre mois d'étiage, ces 50 millions de mètres cubes, le fleuve, appauvri de 4 mètres cubes et demi, pendant les grandes eaux, se trouvera enrichi de 5 mètres cubes pendant l'étiage.

Il y aura ainsi, pour les populations du bassin de la Loire, une compensation plus que suffisante pour le prélèvement de leurs eaux, effectuée au bénéfice de la ville de Paris.

L'évaluation de la dépense que ces travaux doivent occasionner exige, si l'on veut avoir des chiffres exacts, une étude approfondie sur le terrain, qui ne saurait elle-même être réalisée sans occasionner des frais élevés.

Ainsi nous donnerons simplement des chiffres approchés tels que peut les indiquer un ingénieur ayant l'habitude des grands travaux. Ces chiffres suffisent pour discuter le projet, et pour se rendre compte de l'opportunité de faire une entreprise de cette nature.

1º Rigoles de remplissage du lac.........	6 millions
2º Aqueduc d'évacuation du lac	4 —
3º Conduite d'Issarlès à Paris	80 —
4º Réservoirs de réception à Paris	10 —
5º Canalisation dans Paris	20 —
6º Divers et somme à valoir	10 —
Total	130 millions

Le nombre des mètres cubes distribués serait égal à 27 millions. Cette distribution pourrait être rémunérée par le public. Il suffirait que la population de Paris paye en moyenne 5 francs par tête pour que les recettes de l'entreprise soient de 12,500,000 francs, ce qui représente largement la somme nécessaire pour payer les frais d'administration et l'intérêt du capital employé. Mais, comme la ville de Paris emprunte à 3 %, amortissement compris, il serait plus avantageux pour les contribuables que la Ville, au moyen d'un emprunt, paye le prix des travaux. Le public réussirait ainsi à réaliser les 130 millions au moyen d'une augmentation d'impôts comprise entre un franc et deux francs au lieu de cinq, et limitée à la durée de l'amortissement; l'eau pourrait être distribuée à titre gracieux ou à peu près, c'est-à-dire moyennant une somme suffisante pour compenser les frais d'administration.

Une compagnie financière ayant un capital peu élevé pourrait donc trouver des bénéfices très sérieux dans cette entreprise, sans imposer des dépenses bien importantes aux contribuables, et cela à la seule condition de prendre à forfait et à sa charge l'exécution des travaux moyennant une somme qui reste à fixer exactement à l'aide d'études sur le terrain, et qui lui serait payée par la ville de Paris. Cette somme s'élèverait à peu près à 130 millions.

L'adduction des sources du Loing et du Lunain a procuré aux Parisiens 18,000,000 de mètres cubes d'eau, plus ou moins problématiques, et qui font défaut à l'étiage. Elle a coûté 24,000,000. Au même prix on aurait eu nos 27 millions de mètres cubes pour 36,000,000. Mais il faut observer que les eaux du Loing et du Lunain sont reçues dans des réservoirs déjà établis et dans une canalisation urbaine déjà faite. Par conséquent, si l'on veut faire une comparaison exacte, il faudrait ajouter aux 36 millions précités, 20 millions pour la canalisation urbaine, et 10 millions pour les réservoirs, ce qui ferait en tout 66 millions. On voit que notre chiffre de 130 millions n'a rien d'exagéré puisqu'il est seulement le double du précédent et qu'il donne l'eau en temps utile, au lieu de la donner quand on ne sait qu'en faire ; il faut ajouter que les adductions des sources du Lunain et du Loing sont utiles aux seuls habitants de Paris, et que les communes intéressées ont éprouvé une perte absolue, au lieu de recevoir un avantage. Dans notre projet, au contraire, la situation des riverains de la Loire est considérablement améliorée. Si cette situation était sacrifiée, ce ne serait pas 27 millions de mètres qu'on donnerait à la ville de Paris, ce serait le triple. Enfin notre projet accumule les eaux dans un réservoir de montagne, et il permet de les distribuer à volonté, à l'époque des grandes chaleurs, c'est-à-dire, quand elles sont vraiment nécessaires.

Les travaux d'étude donneront lieu aux opérations suivantes :

1° Création d'un laboratoire bactériologique au Puy, pour analyser les eaux du lac à diverses profondeurs, non seulement avant l'exécution des travaux, mais aussi plus tard, pendant l'exploitation. Pendant l'exploitation, les eaux amenées à Paris devront être analysées dans un autre laboratoire qui sera installé à Paris même. Les résultats de ces analyses devront être publiés tous les jours, pour éviter la suspicion qui pèse aujourd'hui sur l'administration des eaux, qui ne semble que trop justifiée par la fréquence de la fièvre typhoïde, et qui a été gravement confirmée par les réclamations de l'Académie de Médecine.

Sur la proposition de M. Laveran, soutenue par M. Henriot, l'Académie, à l'unanimité des voix, a formulé un vœu ainsi conçu :

« L'Académie de médecine estime qu'il est de son devoir d'appeler l'attention des pouvoirs publics sur le fonctionnement très défectueux du service des eaux de Paris, l'état de choses actuel pouvant compromettre le bon état sanitaire de la population parisienne.

« L'Académie attire l'attention des pouvoirs publics sur la nécessité :

« 1° De prendre d'urgence les mesures nécessaires

pour maintenir l'eau de source à une pression convenable ;

« 2° De réaliser la séparation complète de l'eau de source et de l'eau de rivière filtrée ou non, celle-ci devant être exclusivement réservée aux usages industriels, au lavage des chaussées et au tout à l'égout. »

On voit par là à quel point nos propositions sont justifiées, et combien il importe de créer une distribution d'eau potable parfaitement sûre, et dont l'abondance soit suffisante pour satisfaire les désirs légitimes de la population à l'époque des grandes chaleurs.

2° Jaugeage du lac ; nivellement des terrains environnants ; avant-projet de la construction de la digue.

3° Tracé des rigoles d'adduction des eaux ; tracé de l'aqueduc d'évacuation ; devis et estimation des travaux définitifs.

4° Avant-projet de la conduite d'eau du lac à Paris.

5° Avant-projet du réservoir à Paris, de l'usine de relèvement, de la canalisation urbaine, etc., etc.

On doit observer que le laboratoire de bactériologie, s'il est bien installé, pourra donner lieu à des bénéfices. Il n'existe guère en France aucun établissement de ce genre qui soit à la disposition du public, et c'est une grave lacune dans l'état actuel de nos connaissances et de nos besoins. Quant aux travaux sur le terrain, ils seront facilités, comme toujours, par l'étude du cadastre, et des documents officiels de diverse nature qu'on peut consulter.

Il n'y a donc pas de grandes difficultés à vaincre dans ce sens.

Quant à la question de l'opportunité d'une telle entreprise, elle se pose d'une manière bien simple. Nous disons au public parisien : vous vous plaignez tous les ans de manquer d'eau à l'époque des grandes chaleurs. L'administration vous répond que c'est votre faute, qu'on ne peut pas vous donner de l'eau en quantité aussi grande que vous l'exigez, et que c'est à vous à faire des économies. L'administration a tort, et vous avez raison. Vous ne devez pas économiser. L'eau est un élément de salubrité, d'hygiène, de civilisation, d'agrément, de bien-être, vous devez en user largement ; gaspillez-la, vous ferez bien. Seulement pour en avoir en quantité suffisante, il faut la payer. Vous êtes assez riches pour faire cette dépense ; vous ne trouverez jamais un meilleur emploi de vos revenus. Maintenant, si vous continuez à chercher de l'eau dans le bassin de la Seine, vous n'en aurez pas ; il n'y en a pas. Il faut aller en prendre dans le bassin de la Loire, et vous n'obtiendrez pas le droit de la prendre, si vous ne compensez pas vos emprunts par une disposition sage et fructueuse des ressources que vous allez créer ; il faut rendre aux riverains de la Loire, pendant l'étiage, une fraction considérable des eaux que vous leur enlèverez pendant la saison pluvieuse. Vous avez à Issarlès un moyen d'entrer dans cette voie. Pour aujourd'hui, vous ne vous plaignez que d'une chose, c'est de ne pas avoir assez d'eau potable pendant la saison d'été. Nous allons ajouter à vos ressources actuelles 50 litres d'eau par jour et par tête, pendant toute la durée de cette saison, et ils pourront être portés à 83 pendant deux mois, ou à 106 pendant un mois. Le voulez-vous ?

Il n'y a pas de doute que toutes les personnes raisonnables répondront par l'affirmative.

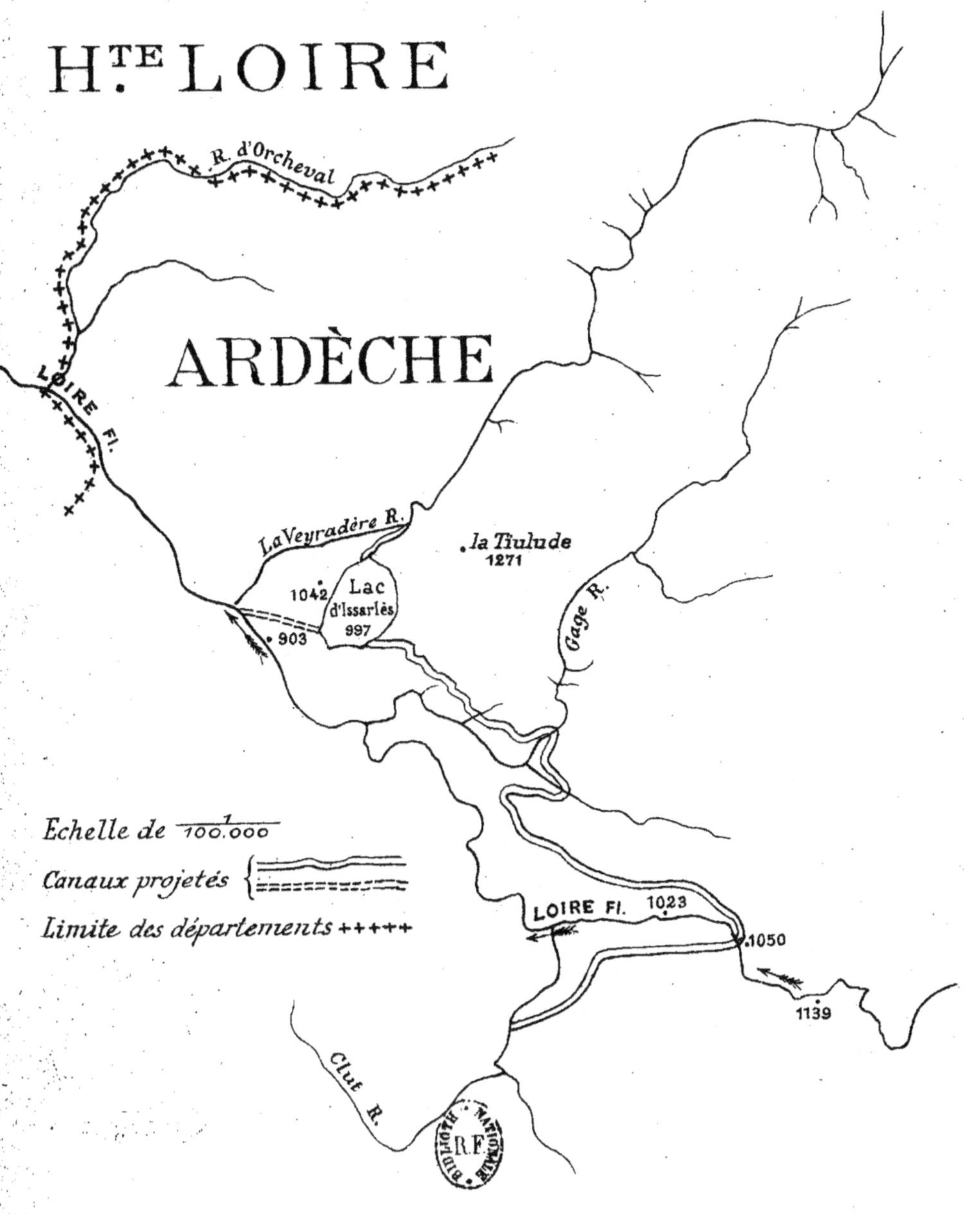

Plan général des Travaux.
H.TE LOIRE
ARDÈCHE
R. d'Orcheval
LOIRE Fl.
La Veyradère R.
la Tiulude
1271
1042
Lac d'Issarlès
997
903
Gage R.
LOIRE Fl. 1023
1050
1139
Clut R.
Echelle de 1/100.000
Canaux projetés
Limite des départements +++++